I0476341

SO FINDEN SIE IHREN TRAUMJOB

Ihr Weg zur beruflichen Erfüllung

JOHN PALAMEYO

Inhaltsverzeichnis

Für alle, die den Mut haben, ihren eigenen Weg zu gehen. Dein Traumjob wartet auf dich – jetzt ist die Zeit, ihn zu ergreifen!

Einführung

Fühlen Sie sich festgefahren?

Haben Sie das Gefühl, dass das Leben an Ihnen vorbeizieht? Träumen Sie schon lange von einer echten, großen Veränderung? Nutzen Sie Ihr volles Potenzial, oder fühlen Sie sich, als könnten Sie nicht alles ausschöpfen, was in Ihnen steckt? Kommen Sie sogar zu dem Schluss, dass Ihnen nichts mehr im Leben wirklich Freude bereitet? Vielleicht hassen Sie Ihren aktuellen Beruf, und Ihre Kindheitsträume von einem Traumjob scheinen in weiter Ferne zu liegen – fast unerreichbar.

Dann geht es Ihnen wie vielen Menschen in Deutschland. Doch das Leben muss nicht so schwer sein. Es gibt eine entscheidende Erkenntnis, die alles verändern kann: Sie haben die Macht, alles in Ihrem Leben zu erreichen.

Die Ursachen für Ihre Unzufriedenheit

Das Problem liegt oft in unserer Erziehung, den Medien und den Autoritäten, die uns von klein auf beigebracht haben, dass wir uns opfern und Kompromisse eingehen müssen. Diese Mythen halten uns davon ab, das Leben zu leben, das wir uns wirklich wünschen. Es ist Zeit, damit Schluss zu machen und sich nicht länger selbst zu quälen!

Ich habe ein System entwickelt, mit dem ich alle meine beruflichen Ziele erreichen konnte. Der Schlüssel dazu ist, sich bewusst Zeit zu nehmen – etwas, das in unserer heutigen, schnelllebigen Welt oft schwierig ist. Ständige Ablenkungen und der „Alltagsstress" hindern uns daran, das Leben zu führen, das wir verdienen.

Der Weg zu Ihrem Traumjob

Brechen Sie aus diesem Kreislauf aus und lernen Sie, strategisch und methodisch Ihre Ziele zu verwirklichen. Dafür brauchen Sie drei Dinge:

1. Eine klare Vision,
2. Entschlossenheit und
3. Praktische Fähigkeiten.

Falls Ihnen einer dieser Punkte fehlt, können Sie sich Hilfe holen – und genau hier setzt dieses Buch an. Es zeigt Ihnen die Möglichkeiten auf, die Ihnen zur Verfügung stehen, und liefert Ihnen einen konkreten Plan, um klüger und zielstrebiger vorzugehen als diejenigen, die blind durchs Leben laufen.

Was würden Sie tun, wenn Geld und Zeit keine Rolle spielen?

In meinen Seminaren stelle ich den Teilnehmern eine Frage: „Was würden Sie tun, wenn ab morgen Geld und Zeit keine Rolle mehr spielen?" Die Antworten sind oft ähnlich: Die Menschen möchten Dinge tun, die Zeit und Geld kosten – sei es Reisen, Kreativität ausleben oder sich sozial engagieren.

Warum also nicht diesen Traum in Ihren Beruf integrieren? Stellen Sie sich vor, Sie könnten Ihre Leidenschaft zum Beruf machen – ohne Einschränkungen oder Limitierungen. Wäre das nicht ein Traumleben?

Gemeinsam zum Ziel

In diesem Buch entwickeln wir gemeinsam eine Architektur, die Sie dorthin bringt, wo Sie hinwollen. Dabei hole ich Sie genau dort ab, wo Sie jetzt stehen. Viel Spaß beim Lesen und Entdecken!

Die heutigen Jobaussichten

Haben Sie einen Job?

Es mag trivial klingen, aber wenn Sie heutzutage einen Job haben, gehören Sie zu den Glücklichen. Egal, wie sehr Sie Ihren Job als langweilig empfinden, Ihren Chef als unausstehlich oder Ihr Gehalt als zu niedrig – Sie können froh sein, überhaupt Arbeit zu haben.

Eine dankbare Einstellung zum Job zu entwickeln, ist jedoch leichter gesagt als getan. Viele Jobs werden überflüssig, sobald sie geschaffen wurden. Das bedeutet, dass Arbeitnehmer heute bereits darüber nachdenken müssen, was morgen passiert, wenn Unternehmen Einsparungen durch Massenentlassungen vornehmen. Und die Arbeit wird dadurch nicht weniger – im Gegenteil: Die Last wird auf die verbleibenden Mitarbeiter verteilt, die dann mehr zu tun haben als zuvor.

Hinzu kommt, dass viele Menschen in Jobs arbeiten, in denen sie unterfordert sind. Sie verdienen oft weniger, als sie gemäß ihrer Qualifikationen verdienen sollten, und werden nicht immer dort eingesetzt, wo ihre Fähigkeiten am besten zur Geltung kommen.

Unzufriedenheit im Job – ein weit verbreitetes Problem

Was bedeutet das alles? Ganz einfach: Die Unzufriedenheit mit dem Job ist heute auf einem Höhepunkt. Selbst diejenigen, die noch einen Job haben, sind oft bereits auf der Suche nach etwas Neuem. Es ist leicht, die Sorgen dieser Menschen beiseite zu schieben – vor allem im Vergleich zu denen, die arbeitslos sind. Doch für die Betroffenen ist diese Unzufrieden-

heit real und kann zu ernsthaften Folgeproblemen führen.

Warum sind wir unzufrieden?

Ein regelmäßiges Gehalt auf dem Konto ist zwar
schön, aber es reicht nicht aus, um langfristig zufrieden
zu sein. Eine Arbeit – egal welche – ermöglicht es
Ihnen, die Miete zu bezahlen, Essen auf den Tisch zu
bringen und Ihre Familie zu versorgen. Doch schauen
wir der Realität ins Gesicht: Sie verbringen mindestens
8 Stunden am Tag, 5 Tage die Woche, bei der Arbeit. Hinzu kommen Überstunden, der Arbeitsweg
und die Vorbereitung auf Aufgaben wie Vorträge oder
Projekte.

Insgesamt beansprucht Ihr Job nicht nur einen
Großteil Ihrer Zeit, sondern auch Ihre volle Aufmerk-
samkeit und emotionale Energie. Wenn Sie Ihren Job
hassen oder er Sie nicht erfüllt, ist es kein Wunder, dass
Sie nach Alternativen suchen.

Der Job-Unzufriedenheits-Test

Wenn Sie Ihren Job hassen, brauchen Sie vielleicht
keinen Test, um das zu bestätigen. Sie zählen die Mi-
nuten bis zum Feierabend und fühlen sich wie ein
Zombie, sobald Sie das Büro betreten.

Doch manchmal ignorieren Menschen ihre eigenen
Gefühle, wenn es um ihren Job geht. Sie fühlen sich
ruhelos oder gereizt, ohne genau zu wissen, warum. Eine gute Arbeitsmoral ist lobenswert, aber sie
kann auch verhindern, dass Sie sich die richtigen Fragen stellen. Vielleicht haben Sie gelernt, dass es falsch
ist, schlecht über Ihren Job zu denken.

Doch Zufriedenheit ist genauso wichtig wie Verantwortung. Es geht darum, eine Tätigkeit zu finden, die Ihnen Spaß macht und Ihren Qualifikationen entspricht. Nur dann können Sie langfristig berufliche Erfüllung finden.

Wie zufrieden sind Sie?

Treffen eine oder mehrere der folgenden Aussagen auf Sie zu?

- Sie verabscheuen Montage und fühlen sich schlecht, sobald der Sonntagabend vorbei ist.
- Sie zählen die Tage bis zum Freitag – unabhängig davon, ob Sie private Pläne haben.
- Sie fühlen sich oft gelangweilt oder frustriert bei der Arbeit.
- Sie sind ständig müde und energielos – besonders im Job.
- Sie haben ein geringes Selbstbewusstsein oder Selbstwertgefühl.
- Sie sehen Ihren Job als Sackgasse und haben das Gefühl, dass er Sie nirgendwo hinführt.
- Sie meiden Ihren Chef und hassen Meetings oder Anweisungen.
- Sie hinterfragen ständig Ihre Berufswahl und fragen sich, ob es nicht etwas Besseres gibt.
- Sie fühlen sich in der „Jobfalle" – unterbezahlt und unterfordert.
- Der Stress Ihres Jobs verfolgt Sie bis nach Hause und beeinträchtigt Ihre Freizeit.

Wenn eine oder mehrere dieser Aussagen auf Sie zutreffen, ist es vielleicht an der Zeit, Ihre Berufswahl zu überdenken.

Job-Unzufriedenheit in Zahlen

Laut Studien zur Jobzufriedenheit ist weniger als die Hälfte der Befragten wirklich zufrieden mit ihrer Arbeit. Vor zwanzig Jahren lag diese Zahl noch bei über 60 %. Besonders drastisch ist die Situation bei den unter 25-Jährigen: Nur 39 % sind zufrieden – der niedrigste Wert seit langem.

Auch in der Altersgruppe der 45- bis 54-Jährigen liegt die Zufriedenheit bei nur 45 %, während sie bei den über 55-Jährigen knapp 50 % beträgt.

Bezüglich des Gehalts zeigen diejenigen, die weniger als 15.000 € im Jahr verdienen, die größte Unzufriedenheit. Bei einem Gehalt von über 50.000 € ist die Unzufriedenheit am geringsten. Doch auch Zusatzleistungen wie Boni oder flexible Arbeitszeiten können die Zufriedenheit nur begrenzt steigern.

Wie Job-Unzufriedenheit Ihr Privatleben beeinflusst

Die Auswirkungen eines unbefriedigenden Jobs beschränken sich nicht auf die Arbeitszeit. Der Stress und die Frustration können Ihr Privatleben, Ihre Beziehungen und sogar Ihre Gesundheit beeinträchtigen.

Mögliche Folgen von Job-Unzufriedenheit

- Launenhaftigkeit und Reizbarkeit: Der Stress im Job beeinflusst Ihre Stimmung auch zu Hause.
- Frustration im Privatleben: Sie können sich vielleicht nicht das Leben leisten, das Sie sich wünschen, weil Ihr Job nicht genug abwirft.

- Niedriges Selbstwertgefühl: Fehlende Anerkennung im Job kann Ihr Selbstbewusstsein schwächen.
- Depressionen: Ständige negative Emotionen können zu ernsthaften psychischen Problemen führen.
- Emotionale Zurückhaltung: Sie ziehen sich zurück und lassen niemanden mehr an Ihren Gefühlen teilhaben.
- Sinkende Leistung: Warum sich anstrengen, wenn Sie ohnehin nicht weiterkommen?
- Gesundheitsprobleme: Stress kann zu Schlafstörungen, Kopfschmerzen und anderen Beschwerden führen.
- Abhängigkeiten: Viele greifen zu Alkohol, Tabletten oder anderen Substanzen, um mit der Frustration umzugehen.

Fazit

Job-Unzufriedenheit ist kein Problem, das man ignorieren sollte. Auch wenn ein schlechter Job besser ist als gar keiner, kann er mehr Energie und Gesundheit kosten, als er Ihnen zurückgibt. Doch bevor wir uns den Herausforderungen der Arbeitslosigkeit widmen, lassen Sie uns zunächst einen Blick auf diejenigen werfen, die gar keinen Job haben.

Aktuelle Fakten über die Arbeitslosigkeit in Deutschland

Wie ist die aktuelle Arbeitsmarktlage?

Die Arbeitslosigkeit in Deutschland hat sich in den letzten Jahren stark verändert. Während die Arbeitslosenquote in den 2000er Jahren noch bei über 10 % lag, ist sie heute deutlich gesunken. Doch trotz dieser positiven Entwicklung gibt es weiterhin Herausforderungen, insbesondere durch strukturelle Veränderungen in der Wirtschaft und die Auswirkungen der Digitalisierung.

Aktuelle Zahlen zur Arbeitslosigkeit (2023)

Laut der Bundesagentur für Arbeit (BA) lag die Arbeitslosenquote im Jahr 2023 bei rund 5,3 %. Das entspricht etwa 2,4 Millionen Menschen, die offiziell als arbeitslos gemeldet sind. Im Vergleich zum Vorjahr ist die Quote leicht gesunken, was auf die stabile Wirtschaftslage und den Fachkräftemangel in vielen Branchen zurückzuführen ist.

Doch diese Zahlen sagen nicht alles aus. Nicht berücksichtigt werden beispielsweise Menschen, die trotz einer Beschäftigung auf staatliche Zusatzleistungen wie Hartz IV (jetzt Bürgergeld) angewiesen sind, weil ihr Gehalt nicht zum Leben reicht. Auch die sogenannte „stille Reserve" – Menschen, die zwar arbeitsfähig sind, aber nicht als arbeitslos gemeldet sind – bleibt in diesen Statistiken unberücksichtigt.

Kurzarbeit und prekäre Beschäftigung

Ein wichtiger Faktor auf dem deutschen Arbeitsmarkt ist die Kurzarbeit. Während der Corona-Pandemie stieg die Zahl der Kurzarbeiter auf über 6 Millionen im Jahr 2020 an. Im Jahr 2023 liegt die Zahl deutlich niedriger, aber Kurzarbeit bleibt ein Instrument, um Arbeitsplätze in Krisenzeiten zu sichern.

Ein weiteres Problem ist die Zunahme prekärer Beschäftigungsverhältnisse. Viele Menschen arbeiten in Branchen wie Call-Centern, der Gebäudereinigung oder der Logistik, wo die Löhne oft unter dem Durchschnitt liegen. Diese Jobs bieten wenig Sicherheit und kaum Aufstiegschancen, was zu einer wachsenden Unzufriedenheit unter den Betroffenen führt.

Unterbeschäftigung und Qualifikationsmismatch

Ein weiteres Phänomen ist die Unterbeschäftigung. Viele Menschen arbeiten in Jobs, die nicht ihren Qualifikationen entsprechen. Beispielsweise arbeiten Akademiker oft in Tätigkeiten, für die sie überqualifiziert sind, wie im Einzelhandel oder im Dienstleistungssektor. Dies führt nicht nur zu Frustration, sondern auch zu einer Verschwendung von Potenzial.

Gleichzeitig klagen viele Unternehmen über einen Fachkräftemangel, insbesondere in den Bereichen Technik, IT und Pflege. Dieser Widerspruch zeigt, dass es an passenden Qualifizierungsangeboten und einer besseren Vermittlung zwischen Arbeitgebern und Arbeitnehmern fehlt.

Langzeitarbeitslosigkeit und ihre Folgen

Ein besonders hartnäckiges Problem ist die Langzeitarbeitslosigkeit. Im Jahr 2023 waren etwa 800.000 Menschen länger als ein Jahr arbeitslos gemeldet. Diese Gruppe hat es besonders schwer, wieder in den Arbeitsmarkt zu finden, da sie oft mit Vorurteilen und mangelnden Qualifikationen kämpft.

Langzeitarbeitslosigkeit hat nicht nur finanzielle Folgen, sondern auch psychische und soziale Auswirkungen. Viele Betroffene leiden unter einem geringen Selbstwertgefühl, sozialer Isolation und gesundheitlichen Problemen.

Fazit

Die Arbeitsmarktlage in Deutschland ist im Jahr 2023 insgesamt stabil, aber nicht ohne Herausforderungen. Während die Arbeitslosenquote auf einem historisch niedrigen Stand liegt, gibt es weiterhin Probleme wie prekäre Beschäftigung, Unterbeschäftigung und Langzeitarbeitslosigkeit. Hinzu kommen strukturelle Veränderungen durch die Digitalisierung und den demografischen Wandel, die den Arbeitsmarkt in den kommenden Jahren weiter prägen werden.

Um diese Herausforderungen zu bewältigen, sind gezielte Maßnahmen wie Qualifizierungsprogramme, bessere Arbeitsbedingungen und eine stärkere Förderung von Langzeitarbeitslosen notwendig. Nur so kann sichergestellt werden, dass der deutsche Arbeitsmarkt auch in Zukunft stabil und fair bleibt.

Wie Sie Ihren Traumjob finden

Warum suchen Sie einen neuen Job?

Was ist der Grund, warum Sie heute einen neuen Job finden wollen? Sind Sie frustriert in Ihrem aktuellen Job, oder haben Sie Ihre Stelle verloren und möchten endlich eine Tätigkeit finden, die Ihnen wirklich Spaß macht?

Einen Job zu finden – irgendeinen Job – ist das eine. Doch Ihren Traumjob zu finden, der weitaus mehr bietet als nur einen monatlichen Gehaltsscheck, ist eine ganz andere Herausforderung. Viele Menschen entscheiden sich für ein bestimmtes Berufsfeld oder eine Branche – vielleicht, weil sie gehört haben, dass man dort gut verdient –, nur um dann festzustellen, dass sie die Arbeit hassen und den Arbeitsort nicht mögen.

Warum scheitern viele bei der Jobwahl?

Oft liegt das Problem darin, dass Menschen ihren Beruf nicht nach ihrer Persönlichkeit und ihren Bedürfnissen wählen. Sie entscheiden sich beispielsweise für eine Karriere als Arzt oder Anwalt, weil Freunde und Familie es von ihnen erwarten – nicht, weil es ihren eigenen Wünschen entspricht. Viele opfern ihre wahren Ziele und Träume, um anderen zu gefallen und niemanden zu enttäuschen.

Ein weiteres Problem ist, dass viele Menschen gar nicht wissen, was sie wirklich wollen oder wo sie bei der Suche nach ihrem Traumjob überhaupt anfangen sollen. Manche haben einen Abschluss in einem bestimmten Fach, haben vielleicht sogar Spaß am Studium gehabt, wissen aber nicht, wie sie einen Job mit ihren Qualifikationen finden können. Ein Beispiel: Jemand, der Biologie studiert hat, aber nicht in die Medizin gehen möchte, weiß oft nicht, welche Karrieremöglichkeiten es in diesem Bereich überhaupt gibt.

Die Herausforderungen bei der Jobsuche

Das Finden eines Jobs ist nur die halbe Miete. Zum Vorstellungsgespräch eingeladen zu werden und es erfolgreich zu bestehen, ist der andere – und oft schwierigere – Teil. Heutzutage sind Vorstellungsgespräche anders als früher. Die Fragen sind oft knifflig und können einen schnell überfordern, wenn man nicht gut vorbereitet ist.

Doch geben Sie die Hoffnung nicht auf! Wir sagen Ihnen das nicht, um Sie abzuschrecken. Ihre wahren Leidenschaften zu entdecken und darauf basierend den richtigen Job zu finden, der zu Ihrer Persönlichkeit passt, ist einfacher, als Sie denken – wenn Sie wissen, worauf Sie achten müssen.

Wie Sie sich auf Vorstellungsgespräche vorbereiten

Auch wenn Vorstellungsgespräche heute anders sind als noch vor einigen Jahren, gibt es bewährte Strategien, um sich optimal vorzubereiten. Es gibt gute Gründe, warum Personalchefs bestimmte Fragen stellen – und wenn Sie diese Gründe kennen und wissen, welche Antworten erwartet werden, wird das Vorstellungsgespräch zum Kinderspiel!

Was Sie in diesem Buch erwartet

In diesem Buch werden wir Ihnen verraten:

- Welche persönlichen Eigenschaften Sie besitzen müssen, um herauszufinden, in welchem

Bereich Sie sich am wohlsten fühlen.

- Wie Sie einen Karrierewechsel meistern – selbst wenn Ihre bisherige Ausbildung und Erfahrung dies noch nicht unterstützen. Inklusive Tipps, wie Sie Fortbildungen finden, die zu Ihrem Zeitplan und Budget passen.
- Jobvorschläge für Ihren Persönlichkeitstyp, die Sie vielleicht noch nie in Betracht gezogen haben – oder von denen Sie gar nicht wussten, dass sie existieren!
- Geheime Wege zu Ihrem Traumjob, die selten öffentlich diskutiert werden – inklusive Positionen, die es heute vielleicht noch gar nicht gibt!
- Wie Sie den Fuß in die Tür Ihrer Wunschfirma bekommen, zum Vorstellungsgespräch eingeladen werden und dieses erfolgreich meistern.
- All die wichtigen, „unberührbaren" Faktoren, die Ihre Persönlichkeit und Professionalität ausmachen – und was Sie sonst noch brauchen, um den Job Ihrer Träume zu ergattern.

Ihr Traumjob ist näher, als Sie denken

Ihren Traumjob zu finden, mag bisher schwierig gewesen sein. Doch jetzt, wo Sie bald wissen, was dieser Traumjob für Sie persönlich sein könnte, wie Sie ihn finden und für sich gewinnen, können Sie sicher sein, dass Sie beruflichen Erfolg und Erfüllung finden werden.

Warten Sie keine Minute länger! Der großartige Job, von dem Sie immer geträumt haben, liegt genau um die Ecke. Alles, was noch fehlt, ist, dass Sie hinausgehen und ihn ergreifen!

Wenn Sie bereit sind, lassen Sie uns tiefer in die Materie eintauchen!

Wege zum Traumjob

Wenn Sie auf der Suche nach einer neuen Arbeitsstelle sind, sei es, weil Sie gerade arbeitslos sind oder weil Sie Ihre Karriere neu ausrichten möchten, ist es entscheidend, zu wissen, wie Ihr neuer Job aussehen sollte. Falls Sie bereits in Ihrer „Traumindustrie" gearbeitet haben und über einschlägige Erfahrungen verfügen, haben Sie es schon ein Stück weit leichter. Mit Erfahrung auf dem entsprechenden Gebiet steigt Ihre Chance, erneut in diesem Bereich Fuß zu fassen – Unternehmen suchen oft nach erfahrenen Fachkräften.

Für alle anderen ist es entscheidend, herauszufinden, was die „Traumindustrie" für Sie persönlich ist. Diese Frage mag zunächst simpel erscheinen, ist jedoch von zentraler Bedeutung für Ihre berufliche Zufriedenheit. Es ist nicht immer einfach, den richtigen Beruf zu finden, bei dem Sie sich langfristig wohlfühlen werden. Viele Menschen sind von der Vorstellung eines Traumberufs getrieben, doch wie finden Sie heraus, was für Sie wirklich passend ist?

Was ist der „Traumjob" für Sie?

Sie haben vielleicht bereits eine grobe Vorstellung davon, was Ihr idealer Job sein könnte: Ein professioneller Matratzentester, ein Vollzeit-Videospiel-Tester, oder vielleicht sogar jemand, der bezahlt wird, um am Strand Margaritas zu trinken. Zugegeben, diese Vorstellungen sind charmant und verlockend, aber wenn wir realistisch sind, stellt sich die Frage: Was sind die tatsächlichen Bedürfnisse, die einen Job zur Leidenschaft machen? Es ist entscheidend, diese Tätigkeiten in eine berufliche Realität zu überführen.

Die wahre Herausforderung besteht darin, die perfekte Kombination aus Interessen und Beruf zu finden.

Es reicht nicht nur aus, etwas zu tun, was man liebt – Sie müssen auch wissen, ob Sie es 40–50 Stunden die Woche tun möchten und dafür auch noch bezahlt werden. Der ideale Job muss also eine Balance aus mehreren Faktoren finden.

- Arbeiten Sie gerne in einer hierarchischen Struktur oder bevorzugen Sie mehr Unabhängigkeit und Flexibilität?
- Sind Sie ein Teamplayer oder möchten Sie lieber alleine arbeiten und Ihre eigenen Entscheidungen treffen?

Diese Fragen sind ein guter Ausgangspunkt, aber wie finden Sie wirklich heraus, was zu Ihnen passt? Wie bereits in der Schule, als Sie ein Praktikum gemacht haben, um „mal ins Berufsleben reinzuschnuppern", ist es nicht immer einfach zu wissen, ob der Job, den Sie heute anstreben, tatsächlich der richtige für den Rest Ihres Lebens ist. Wie können Sie sicher sein, dass der Beruf, den Sie heute wählen, auch langfristig zu Ihnen passt?

Schritt 1: Ihre berufliche Bestimmung

Jeder Mensch ist einzigartig. Jeder von uns besitzt eine Kombination von Eigenschaften, die keine andere Person hat. Diese einzigartige Energie ist der Schlüssel zu Ihrem Erfolg – Sie müssen nur herausfinden, wie Sie sie im Beruf einsetzen können. Wie wäre es, wenn Sie ein Mozart oder ein Picasso Ihrer Branche wären? Wenn Sie Ihre berufliche Bestimmung kennen, können Sie ein außergewöhnliches Leben führen. Wenn nicht, könnten Sie nur ein weiteres Rädchen im Getriebe der Gesellschaft werden.

Wie finden Sie nun Ihre berufliche Bestimmung? Der erste Schritt ist, sich über einige grundlegende Aspekte klar zu werden.

1. Ihre persönliche und berufliche Voraussetzung

Welche Kenntnisse haben Sie bereits? Was haben Sie studiert oder gelernt? Mit welchen Themen haben Sie sich intensiv beschäftigt? Vielleicht gibt es ein Projekt, das Sie besonders begeistert hat, oder ein Buch, das Sie geschrieben haben. All diese Erfahrungen und Ausbildungen können eine wichtige Grundlage für den späteren Traumberuf bilden.

Denken Sie daran: Wir müssen nicht das Rad neu erfinden! Oftmals lässt sich die vorhandene Erfahrung in den zukünftigen Traumjob integrieren, wodurch wir Zeit und Energie sparen können. Sobald Sie wissen, welche Berufserfahrungen Sie bereits gemacht haben, können Sie die nächsten Schritte leichter gehen.

2. Ihre Leidenschaft

Es gibt Dinge, die Sie mit Leidenschaft tun, und solche, die Sie lediglich als „Job" sehen. Was begeistert Sie? Wo fließt Ihre Energie ohne große Anstrengung? Ihre Leidenschaft sollte der zentrale Antrieb für die Wahl Ihres Traumjobs sein. Ein Job, der Ihre Leidenschaft weckt, wird Ihnen nicht nur finanziellen Erfolg bringen, sondern auch persönliche Erfüllung.

Ihre Werte und persönliche Eigenart

Was ist Ihnen im Leben wirklich wichtig? Was sind Ihre persönlichen Werte? Wenn Sie in einem Job arbeiten, der nicht mit Ihren Werten übereinstimmt, wird es auf Dauer schwierig, erfüllt zu sein. Überlegen Sie sich, welche Unternehmenswerte Ihnen gefallen und wie Ihre persönliche Eigenart in den Job integriert werden kann.

4. Ihre Stärken

Welche Fähigkeiten und Eigenschaften zeichnen

Sie aus? Wo liegen Ihre Stärken? Haben Sie ein beson-
deres Talent im Umgang mit Menschen, im Projektma-
nagement oder in der Kreativität? Stärken zu kennen
und in Ihrem Job zu nutzen, ist ein weiterer wichtiger
Schritt, um sich für den richtigen Beruf zu entscheiden.

5. Ihre Talente

Jeder Mensch hat Talente, die ihm von Natur aus
leichtfallen. Sind Sie gut darin, zu analysieren, innova-
tive Lösungen zu finden oder in Verkaufsgesprächen
zu überzeugen? Talente bringen Sie schnell voran und
sind oft der Schlüssel zu einem erfüllenden Job.

6. Der Markt und die Möglichkeiten

Sobald Sie Ihre berufliche Bestimmung und Ihre
persönlichen Ziele kennen, müssen Sie sich mit dem
Markt auseinandersetzen. Welche Möglichkeiten bieten sich Ihnen, und wie können Sie diese gezielt nutzen?

Der Arbeitsmarkt hat sich in den letzten Jahren
massiv verändert, besonders durch die digitale Trans-
formation und die Globalisierung. Achten Sie darauf,
welche Branchen gerade wachsen und welche Fähigkeiten besonders gefragt sind. Nutzen Sie Netzwerke,
fortlaufende Weiterbildung und digitale Tools, um Ihren Traumjob zu finden und sich auf dem Markt erfolgreich zu positionieren.

Lernen Sie, Ihre Leidenschaften einzuschätzen

Sind Sie im Einklang mit Ihren Interessen?

Vielleicht sind Sie so gestresst von Ihrem Job und Ihren Verpflichtungen, dass Sie den Kontakt zu Ihren persönlichen Interessen verloren haben. Doch Ihre Leidenschaften sind ein Schlüssel zu Ihrem Traumjob. Gewöhnlich sind die Dinge, die uns interessieren, die Themen, über die wir gerne sprechen, bei denen wir gerne Neues lernen und viel lesen – und die wir in Medien wie Radio, Fernsehen oder Podcasts verfolgen. Das sind auch die Bereiche, in denen wir keine Schwierigkeiten haben, neue Informationen oder Konzepte zu verstehen.

Allgemeine Interessensgebiete

Hier sind einige allgemeine Interessensgebiete, die oft in Einstellungstests oder Karriereberatungen abgefragt werden:

- Business, Aktien, Banken
- Logik, Rätsel lösen
- Psychologie/Psychiatric
- Elektronik, Mechanik
- Geschäftsmodelle, Philosophien
- Kunst, Musik, Darstellung
- Geschichte, aktuelle Ereignisse
- Kulturen, Soziologie
- Geographie, Geologie
- Reisen, Kultur
- Politik, öffentliche Ämter
- Sport
- Medizin, Wissenschaft/Biologie

- Mathematik, Zahlen
- Design, Dekorieren, Architektur
- Mode
- Kochen, Essenszubereitung
- Kreatives Arbeiten, handwerkliche Tätigkeiten
- Spielzeug und Spiele

Wenn Sie diese Liste überfliegen, werden Sie schnell erkennen, warum diese Themen in Einstellungstests vorkommen. Wenn Sie zum Beispiel Psychologie und Menschen lieben, warum sollten Sie dann im Aktienmarkt arbeiten? Oder wenn Sie Zahlen lieben, warum sollten Sie in einem Museum arbeiten? Jemand, der ein Interesse an Logik hat, ist möglicherweise nicht der beste Verkäufer, da Verkaufen oft Überzeugungskraft und zwischenmenschliche Fähigkeiten erfordert – und weniger strukturierte Denkprozesse.

Identifizieren Sie Ihre Leidenschaften

Kreisen Sie in der obigen Liste die Themen ein, die Sie interessieren, und fügen Sie gegebenenfalls weitere hinzu, die nicht aufgeführt sind. Ein kleiner Tipp: Denken Sie daran, was Sie in Ihrer Freizeit tun – Dinge, die Sie lieben, auch wenn Sie nicht dafür bezahlt werden.

Oder stellen Sie sich folgende Frage: Was würden Sie tun, wenn Sie einen ganzen Monat frei hätten und genug Geld zur Verfügung hätten? Würden Sie reisen, Modelleisenbahnen bauen, Kleider designen oder malen lernen? Von welchen Dingen träumen Sie, wenn es um Ihren Traumjob geht? Möchten Sie Kanzler werden, Sänger in einer Rockband oder Reiseleiter im australischen Outback?

Denken Sie daran: Ihre Fantasie-Jobs müssen nicht

sofort realistisch sein. Aber sie geben Ihnen einen Hinweis darauf, in welche Richtung es bei Ihrer Berufswahl gehen könnte. Wenn Sie davon träumen, Kanzler zu werden, könnte eine Karriere in der Politik ein guter Schritt sein. Oder wenn Sie davon träumen, Reiseleiter zu sein, könnte eine Stelle in einem Hotel oder einer Ferienanlage ein guter Einstieg sein. Ihre Tagträume sind ein erster Hinweis darauf, was Ihnen gefällt – also nehmen Sie sich die Zeit, darüber nachzudenken, und verwerfen Sie sie nicht als unrealistisch.

Ihre Werte verstehen

Was sind Ihre Werte? Was möchten Sie im Beruf und im Leben erreichen? Ihre Werte zu verstehen, ist entscheidend, um den richtigen Job zu finden. Zum Beispiel:

- Wenn es Ihnen hauptsächlich um Geld und einen bestimmten Lebensstil geht, sollten Sie vielleicht nicht Künstler oder Musiker werden.
- Wenn Sie dagegen genug zum Leben haben möchten und Wert auf Kreativität und inneren Frieden legen, warum sollten Sie dann als Banker arbeiten?

Ein Job muss nicht zu 100 % erfüllend sein, aber er sollte im Einklang mit Ihren Werten und Interessen stehen. Wenn Sie beispielsweise der Gesellschaft etwas zurückgeben möchten, könnte eine Tätigkeit als Polizist oder Feuerwehrmann ideal sein – Sie leisten einen Dienst für die Gemeinschaft und werden dafür bezahlt.

Überlegen Sie sich genau, welche Werte für Sie wichtig sind und was Sie von Ihrem Beruf erwarten. Diese Werte müssen bei der Wahl Ihres Traumjobs berücksichtigt werden.

Ihre Persönlichkeit und Talente

Ihre Persönlichkeit zu verstehen, ist entscheidend für die Wahl Ihres Traumjobs. Viele Menschen konzentrieren sich nur auf Prestige und Geld, aber vergessen dabei, was wirklich zu ihrer Persönlichkeit passt. Das führt oft zu frustrierenden und unerfüllenden Jobs.

Fragen zur Selbsteinschätzung

Hier sind einige Fragen, die Ihnen helfen, Ihre Persönlichkeit und Talente besser zu verstehen:

- Arbeiten Sie lieber mit anderen Menschen zusammen oder alleine?
- Sind Sie ein Anführer oder jemand, der Anweisungen braucht?
- Sind Sie kreativ und haben viele eigene Ideen, oder verlassen Sie sich lieber auf andere?
- Bevorzugen Sie abstraktes Denken oder fühlen Sie sich wohler mit klaren Strukturen?
- Mögen Sie tägliche Veränderungen oder bevorzugen Sie eine feste Routine?
- Lösen Sie gerne Rätsel und Herausforderungen, oder möchten Sie genau wissen, was jeden Tag auf Sie zukommt?
- Schätzen Sie Wissen und Fakten?
- Ist Ihre Meinung wichtiger als die der anderen?

Stärken und Schwächen

Genauso wichtig wie Ihre Persönlichkeit sind Ihre Stärken und Schwächen. Seien Sie ehrlich zu sich selbst und anderen. Wenn Sie zum Beispiel Angst vor öffentlichen Reden haben, ist eine Position als Verkaufsleiter, die regelmäßige Präsentationen erfordert, wahrscheinlich nicht die richtige Wahl.

Indem Sie Ihre Stärken und Schwächen kennen, können Sie den Job finden, der wirklich zu Ihnen passt.

Alles zusammengenommen

Wenn Sie Ihre Leidenschaften, Werte, Persönlichkeit und Talente kombinieren, erhalten Sie ein klares Bild davon, wie Ihr Traumjob aussehen könnte. Zum Beispiel:

- Wenn Sie Musik lieben, aber nicht auf der Bühne stehen möchten, könnten Sie hinter den Kulissen arbeiten – als Tontechniker, Produzent oder Komponist.

- Wenn Sie eine hektische, schnelllebige Umgebung mögen, aber nicht gut mit Zahlen umgehen können, könnte die Werbeabteilung einer großen Firma zu Ihnen passen.

Indem Sie all diese Faktoren berücksichtigen, kommen Sie Ihrem Traumjob Schritt für Schritt näher.

Berufliche Bestimmung + Markt = Traumjob

Nutzen Sie Ihre berufliche Bestimmung

Wenn Sie Ihre berufliche Bestimmung nutzen wollen, um unabhängig zu sein, dann ist dieses Kapitel genau das, was Sie brauchen. Machen Sie aus Ihrer Bestimmung ein Angebot. Dazu müssen Sie einige Faktoren beachten – vor allem müssen Sie den Markt verstehen.

Den Markt verstehen

Der potenzielle Markt wird als die Gruppe von Personen definiert, die an Ihrem Produkt oder Ihrer Dienstleistung interessiert sein könnte. Das sind die Menschen, denen Sie Ihre Produkte verkaufen oder anbieten – und ihre Rolle ist entscheidend für Ihren Erfolg.

Egal, welches Produkt Sie bewerben: Sie müssen wissen, wer Ihr Zielmarkt ist. Es ist keine gute Idee, Schönheitscremes und Make-up in einer Autorennen-Zeitschrift zu verkaufen, oder? Es sei denn, Sie möchten jede Gelegenheit nutzen, die sich bietet. Aber das wäre eine unglaubliche Herausforderung.

Wer ist Ihr Zielmarkt?

Um Ihren Zielmarkt zu identifizieren, müssen Sie Ihr Produkt oder Ihre Dienstleistung analysieren. Beantworten Sie dazu diese 10 einfachen Fragen:

1. Wer sind die direkten Nutznießer Ihres Produkts oder Ihrer Dienstleistung?
2. Gibt es indirekte Nutznießer? Wenn ja, wer sind sie?
3. Wer kann sich Ihr Produkt leisten? Welche

Einkommensgruppe ist bereit, es zu kaufen?

4. Wie bevorzugen Ihre Kunden zu bezahlen? Bar, Kreditkarte, Ratenzahlung?

5. Wo und wie wird Ihr Produkt genutzt? Zuhause, in Schulen, bei der Arbeit?

6. Wer kauft am ehesten? Männer oder Frauen? Verheiratet oder Single? Jung oder alt?

7. Ist Ihr Produkt eine Notwendigkeit oder ein Luxus?

8. Ist die Nachfrage saisonabhängig oder ganzjährig gleich?

9. Sind sich potenzielle Kunden Ihres Produkts bereits bewusst, oder ist es neu und innovativ?

10. Benötigen Kunden Informationen, um eine Entscheidung zu treffen, oder kaufen sie spontan?

Diese 10 Fragen helfen Ihnen, Ihren Zielmarkt klar zu definieren. Sobald Sie die Antworten haben, wissen Sie, wo sich Ihre potenziellen Kunden befinden und welche Strategie Sie anwenden sollten.

Ihren Markt abgrenzen

Wenn Sie die Antworten auf die obigen Fragen analysieren, stellen Sie möglicherweise fest, dass Ihr Produkt eine vielfältige Gruppe von Käufern anspricht – jung und alt, männlich und weiblich. Ihren Markt abzugrenzen, ist entscheidend, um die individuellen Bedürfnisse jeder Gruppe zu erfüllen. Laut Studien bringt Sie das näher an Ihre potenziellen Kunden und führt letztendlich zu mehr Verkäufen und Gewinn.

Schritte zur Marktabgrenzung

1. Bestimmen Sie die Bedürfnisse jeder Zielgruppe.

   Männliche Führungskräfte haben andere Gründe, Ihr Produkt zu kaufen, als alleinerziehende Mütter. Obwohl Sie dasselbe Produkt verkaufen, sind die Bedürfnisse und der Nutzen für jede Gruppe unterschiedlich. Das müssen Sie bei Ihrer Verkaufsstrategie berücksichtigen.

2. Führen Sie eine Marktrecherche durch. Sie können Ihren Zielmarkt nicht effektiv verstehen, wenn Sie nur raten. Starten Sie eine Umfrage, konsultieren Sie Experten, oder lesen Sie viel über Ihre Zielgruppe. Alternativ können Sie eine professionelle Marktforschungsfirma beauftragen, wenn Ihr Budget es zulässt.

3. Sprechen Sie die Sprache Ihrer Zielgruppe. Wenn Sie an Jugendliche verkaufen möchten, müssen Sie wie ein Jugendlicher sprechen – nicht wie ein Erwachsener, der ihnen etwas aufzwingt. Kennen Sie ihre Wünsche und Bedürfnisse, und geben Sie ihnen genau das. Ihr Zielmarkt wird erkennen, wenn Sie authentisch sind – oder nicht.

Nischenmarketing – Konzentration auf spezielle Bedürfnisse

Sobald Sie Ihren Markt kennen, müssen Sie die spezifischen Bedürfnisse jeder Gruppe erfüllen. Das nennt man Nischenmarketing. Ein Nischenmarkt ist ein spezieller Teil eines größeren Marktes, der oft von großen Anbietern übersehen wird.

Beispiel: Hausversicherungen

Angenommen, Ihr Geschäft dreht sich um Hausversicherungen. Sie können diesen Markt in Nischen unterteilen, wie:

- Villen-Versicherungen
- Bungalow-Versicherungen
- Eigentumswohnungs-Versicherungen

Indem Sie sich auf eine Nische konzentrieren, können Sie maßgeschneiderte Lösungen anbieten, die Ihre Kunden begeistern. Zum Beispiel könnten Sie für Villenbesitzer exklusive Versicherungspakete mit zusätzlichen Leistungen und Werbegeschenken anbieten, die sie bei anderen Anbietern nicht finden.

Die richtige Nische wählen

Bei der Wahl Ihrer Nische sollten Sie Folgendes beachten:

- Rentabilität: Wählen Sie eine Nische, die lukrativ ist.
- Konkurrenzanalyse: Gibt es bereits Wettbewerber in dieser Nische? Wenn ja, suchen Sie nach Lücken, die noch nicht bedient werden.
- Kreativität: Seien Sie innovativ und bieten Sie etwas Einzigartiges an.

Ein Beispiel: Wenn Sie im Bereich Heimdekoration tätig sind, könnten Sie eine Nische für exotische Dekorationsartikel aus Ländern wie Ägypten oder den Bahamas erschließen.

Marktforschung und Kundenfeedback

Um Ihre Nische erfolgreich zu bedienen, müssen Sie Ihre potenziellen Kunden verstehen. Sprechen Sie mit echten Menschen, die Ihre Zielgruppe repräsentieren, und fragen Sie nach ihren Bedürfnissen und Erwartungen.

Beispiel: Heimdekoration

Ihr idealer Kunde könnte ein weit gereister Hausbesitzer aus der Mittel- oder Oberschicht sein. Diese Person hat Erfahrung mit exotischer Kultur und kann Ihnen wertvolle Einblicke geben. Nutzen Sie dieses Feedback, um Ihre Produkte und Marketingstrategie anzupassen.

Persönliche Vorlieben verstehen

Gehen Sie tiefer auf die Vorlieben Ihrer Kunden ein. Was schätzen sie am meisten? Qualität, Preis, Bequemlichkeit oder Zuverlässigkeit? Wenn Sie diese Eigenschaften kennen, können Sie Ihre Produkte mühelos verkaufen.

Fazit

Indem Sie Ihre berufliche Bestimmung mit einer klaren Marktstrategie verbinden, können Sie Ihren Traumjob finden – oder sogar selbst schaffen. Nutzen Sie Nischenmarketing, um sich auf spezielle Bedürfnisse zu konzentrieren, und bleiben Sie nah an Ihren Kunden.

Aber höchstwahrscheinlich wissen Sie schon, was Sie wirklich wollen. Vielleicht träumen Sie schon seit Jahren davon – oder Sie wollten immer in einer bestimmten Branche arbeiten, haben aber den Einstieg noch nicht gewagt. Wenn Sie Ihren Traumjob bisher zurückgestellt haben, weil Sie denken, er sei unerreichbar, dann brauchen Sie möglicherweise nur eine kleine

Anpassung.

Zum Beispiel:

- Eine 30-jährige Frau wird wahrscheinlich keine professionelle Tänzerin mehr, aber sie könnte als Kostümbildnerin oder Maskenbildnerin im Tanzbereich arbeiten.

- Wenn Sie davon träumen, Filmproduzent zu werden, aber nicht Ihre Heimatstadt verlassen möchten, suchen Sie nach Produktionsfirmen in Ihrer Nähe, die Werbespots oder kleine Filmprojekte produzieren.

Es ist gut möglich, dass Sie wissen, was Sie wollen, aber nicht genau, wie Sie es erreichen können. Vielleicht haben Sie erst spät herausgefunden, was Sie wirklich möchten – aber das bedeutet nicht, dass es zu spät ist. Passen Sie Ihre Wünsche an das Berufsfeld an, und schalten Sie das negative Denken ab.

Jetzt ist nicht die Zeit, darüber nachzudenken, warum Sie etwas nicht schaffen können – sondern wie Sie es schaffen können.

Voraussetzungen für Ihren Traumjob

Sind Sie bereit für Ihren Traumjob?

Sie haben Ihre Auswahl in Bezug auf Ihren Traumjob bereits eingegrenzt. Sie wissen, welches Berufsfeld ideal für Sie wäre und welche Karriere Sie glücklich und erfüllt machen würde. Also rennen Sie jetzt los, um diesen Job zu ergattern, oder?

Nicht so schnell...

Auch wenn Sie ein gutes Verständnis davon haben, welchen Job Sie wollen, ist es ebenso wichtig zu wissen, was der Job von Ihnen verlangt. Wenn Sie nicht die richtigen Fähigkeiten oder die passende Ausbildung haben, werden Sie Schwierigkeiten haben, den Job zu bekommen – oder den Anforderungen gerecht zu werden. Und das könnte dazu führen, dass Ihr Traumjob zum Albtraum wird.

Stellen Sie sich Ihren Traumjob wie eine Ehe vor. Natürlich ist es einfach, aufzulisten, was Sie von Ihrem Partner erwarten. Aber was erwartet Ihr Partner von Ihnen? Welche Qualitäten müssen Sie mitbringen, damit die Beziehung auf festen Füßen steht? Genauso verhält es sich mit Ihrem Traumjob.

Bevor Sie sich bewerben, müssen Sie verstehen, welche Voraussetzungen Sie erfüllen müssen. Und wenn Sie diese noch nicht haben, sollten Sie herausfinden, wie Sie sie erfüllen können.

Bildung – Die Grundvoraussetzung

Bestimmte Bildungsanforderungen sind eine der wichtigsten Voraussetzungen für jeden Job. Sie können nicht Arzt oder Rechtsanwalt mit einem Hauptschulabschluss werden. Oft bedeutet ein Berufswechsel auch, dass Sie eine Umschulung oder Fortbildung benötigen.

Haben Sie sich bereits informiert, welche Bildungsvoraussetzungen Ihr Traumjob hat? Benötigen Sie einen bestimmten Abschluss oder sogar einen Doktortitel? Erfüllen Sie diese Voraussetzungen bereits, oder müssen Sie sich weiterbilden?

Diese Informationen zu finden, ist einfacher, als Sie denken. Recherchieren Sie online oder studieren Sie Stellenanzeigen in Ihrem gewünschten Berufsfeld. Wenn die meisten Anzeigen einen bestimmten Abschluss voraussetzen, wissen Sie, was zu tun ist.

Tipp: Nutzen Sie offizielle Quellen wie die Website der Bundesagentur für Arbeit, um detaillierte Informationen zu den Anforderungen Ihres Traumjobs zu erhalten. Dort finden Sie auch Videos und Beschreibungen, die Ihnen einen Einblick in verschiedene Berufe geben.

Einen Plan für Ihre Fortbildung erstellen

Wenn Sie zusätzliche Qualifikationen oder Abschlüsse benötigen, fragen Sie sich vielleicht, wie Sie das alles bewältigen sollen. Hier sind einige Punkte, die Sie berücksichtigen sollten:

1. Zeitmanagement: Erstellen Sie einen neuen Zeitplan und priorisieren Sie Ihre Ziele. Schaffen Sie Raum für Lernzeiten und reduzieren Sie Aktivitäten, die Ihrem Ziel im Weg stehen.

2. Finanzierung: Viele Fortbildungen sind nicht kostenlos. Prüfen Sie, ob Sie Förderungen oder Zuschüsse erhalten können, und passen Sie Ihr Budget entsprechend an.

3. Praktische Schritte: Notieren Sie Ihre Einnahmen und Ausgaben, um Einsparpotenziale zu

identifizieren. Vielleicht können Sie auf unnötige Ausgaben verzichten, um Ihre Fortbildung zu finanzieren.

Falls Ihre Einnahmen nicht ausreichen, können Sie auch Stipendien oder Studienkredite in Betracht ziehen.

Erfahrung sammeln

Auch mit der richtigen Bildung kann es schwierig sein, direkt in Ihren Traumjob einzusteigen. Sie konkurrieren mit Bewerbern, die bereits jahrelange Erfahrung haben. Wie also sammeln Sie die nötige Erfahrung?

In vielen Fällen müssen Sie ganz unten anfangen. Zum Beispiel:

- Wenn Sie Bundesligaschiedsrichter werden möchten, beginnen Sie vielleicht bei regionalen Spielen.
- Wenn Sie Innenarchitekt werden wollen, starten Sie möglicherweise als Design-Assistent.

Hier sind einige Möglichkeiten, um Erfahrung zu sammeln:

1. Praktika: Auch wenn Sie bereits in Ihren Dreißigern oder Vierzigern sind, kann ein Praktikum wertvolle Einblicke bieten.

2. Begleitende Erfahrung: Wenn Sie Mode-Einkäufer werden möchten, beginnen Sie vielleicht im Einkauf für Haushaltswaren, um Grundkenntnisse zu erwerben.

3. Startups: Kleinere Unternehmen sind oft offener für Bewerber mit weniger Erfahrung.

Ein Portfolio erstellen

Für einige Berufe benötigen Sie ein Portfolio, das Beispiele Ihrer Arbeit zeigt. Ein Portfolio hilft potenziellen Arbeitgebern, Ihre Fähigkeiten zu beurteilen.

Der Zweck eines Portfolios

Ein Portfolio soll Ihre besten Arbeiten präsentieren. Wenn Sie zum Beispiel Innenarchitekt werden möchten, können Sie das Wohnzimmer eines Freundes umgestalten und Fotos davon in Ihr Portfolio aufnehmen. Oder Sie gestalten ein Zimmer in Ihrer eigenen Wohnung neu.

Diese Methode funktioniert für viele Berufe:

- Fotografen können Freunde als Models einsetzen.
- Grafikdesigner können Marketingmaterialien für imaginäre Firmen erstellen.

Anforderungen an ein Portfolio

Informieren Sie sich über die spezifischen Anforderungen für Ihr Berufsfeld. Manche Branchen verlangen bestimmte Formate oder Inhalte, wie z. B. Kopfaufnahmen für Models oder technische Zeichnungen für Architekten.

Zeigen Sie nur Ihre besten Arbeiten

Ihr Portfolio sollte nur Ihre stärksten Arbeiten enthalten. Fragen Sie einen Profi um Feedback, bevor Sie es vorlegen. Unfertige oder mangelhafte Arbeiten haben in einem Portfolio nichts zu suchen.

Zertifikate und rechtliche Voraussetzungen

Für manche Berufe benötigen Sie spezielle Zertifikate oder rechtliche Nachweise. Zum Beispiel:

- Restaurantbesitzer benötigen oft ein Zertifikat

für Lebensmittelsicherheit.

- Schiedsrichter müssen möglicherweise Erste-Hilfe-Kenntnisse nachweisen.

Informieren Sie sich über die Anforderungen in Ihrem Berufsfeld und stellen Sie sicher, dass Sie alle notwendigen Dokumente besitzen. Das zeigt, dass Sie professionell und gut vorbereitet sind.

Zum Vorstellungsgespräch eingeladen werden

Wie finden Sie den richtigen Job?

Sie haben alle Fähigkeiten, die für Ihren Traumjob erforderlich sind? Doch wie kommen Sie überhaupt zu einem Vorstellungsgespräch? Ohne eine Einladung werden Sie den Job nicht bekommen. Und wie finden Sie die Firmen, die freie Stellen anbieten?

Wo Sie Jobs finden können

Wenn Sie wissen, wo Sie nach passenden Stellenangeboten suchen können, ist das schon die halbe Miete. Es gibt viele Möglichkeiten, um Jobangebote zu finden – auch bei Firmen, die aktuell keine Stellen ausschreiben.

Online-Jobbörsen

Online-Jobbörsen sind eine der ersten Anlaufstellen, um herauszufinden, wer gerade Mitarbeiter sucht. Viele dieser Plattformen sind für Bewerber kostenlos, während Unternehmen für die Schaltung von Anzeigen bezahlen. Das zeigt, dass den Firmen wirklich daran gelegen ist, passende Kandidaten zu finden.

Hier sind einige Tipps, wie Sie online nach Jobs suchen können:

- Regionale Zeitungen: Viele Tageszeitungen veröffentlichen Stellenanzeigen auch online.
- Offizielle Stellenportale: Nutzen Sie offizielle Plattformen, um aktuelle Jobangebote zu finden.
- Branchenspezifische Suchanfragen: Geben Sie bei Suchmaschinen spezifische Suchbegriffe

wie „IT-Jobs" oder „Marketing-Jobbörse" ein, um branchenspezifische Portale zu finden.

- Unternehmenswebsites: Besuchen Sie die Websites potenzieller Arbeitgeber und prüfen Sie, ob es einen Bereich für „Jobs" oder „Karriere" gibt.

Networking – Mund-zu-Mund-Propaganda

Networking ist einer der wichtigsten Aspekte bei der Jobsuche. Oft hören Unternehmen von potenziellen Kandidaten durch Empfehlungen von Freunden oder Bekannten. Ein guter Kontakt kann Ihnen den Weg zu einem Vorstellungsgespräch ebnen – ganz ohne offizielle Bewerbung.

Seien Sie kontaktfreudig und teilen Sie Ihrem Umfeld mit, dass Sie auf der Suche nach einem neuen Job sind. Man weiß nie, wer ein gutes Wort für Sie einlegen kann.

Karrieremessen

Karrieremessen sind eine hervorragende Gelegenheit, um direkt mit potenziellen Arbeitgebern in Kontakt zu treten. Viele Unternehmen nehmen an solchen Veranstaltungen teil, um gezielt nach talentierten Bewerbern zu suchen.

Tipps für Karrieremessen:

- Nehmen Sie ausreichend Kopien Ihres Lebenslaufs mit.
- Kleiden Sie sich professionell – ein gepflegtes Auftreten ist entscheidend.
- Machen Sie einen positiven Eindruck und zeigen Sie Interesse an den Unternehmen.

Recruiting-Firmen

Viele Unternehmen arbeiten mit Recruiting-Firmen zusammen, um passende Kandidaten zu finden. Diese Firmen fungieren oft als erste Anlaufstelle und filtern die besten Bewerber heraus, bevor sie dem Unternehmen vorgestellt werden.

Es gibt spezialisierte Recruiting-Firmen für verschiedene Branchen, wie z. B. IT, Finanzen oder Ingenieurwesen. Bewerben Sie sich bei mehreren dieser Firmen, um Ihre Chancen zu erhöhen.

Ihr Lebenslauf – Ihre Visitenkarte

Wann haben Sie das letzte Mal Ihren Lebenslauf aktualisiert? Wenn Ihre Antwort „vor Jahren" lautet, ist es Zeit für eine Überarbeitung. Ihr Lebenslauf ist oft der erste Eindruck, den ein Arbeitgeber von Ihnen bekommt – also muss er überzeugen.

Was macht einen guten Lebenslauf aus?

Hier sind einige Punkte, die Sie bei der Erstellung Ihres Lebenslaufs beachten sollten:

1. Betonen Sie Ihre Erfolge und Verantwortungen:
   Heben Sie hervor, was Sie in früheren Positionen erreicht haben. Zum Beispiel:
   - o Welche Verantwortungen hatten Sie als Abteilungsleiter?
   - o Wie haben Sie Verkaufszahlen oder Gewinnmargen verbessert?
   - o Welche Projekte haben Sie erfolgreich umgesetzt?
2. Zeigen Sie Ihre persönlichen Stärken:
   Ein Arbeitgeber sucht nicht nur nach fachlichen Fähigkeiten, sondern auch nach

Teamplayern mit einer positiven Einstellung. Heben Sie Ihre Führungsqualitäten, Kommunikationsfähigkeiten und Ihre Begeisterung für die Arbeit hervor.

3. Seien Sie präzise und relevant: Ihr Lebenslauf sollte eine kurze, prägnante Zusammenfassung Ihrer Berufserfahrung sein. Vermeiden Sie unnötige Details, die nicht zur ausgeschriebenen Position passen.

4. Achten Sie auf das Design: Ein übersichtlicher und professionell gestalteter Lebenslauf fällt positiv auf. Vermeiden Sie zu kleine Schriftarten oder überladenes Design.

Beispiel für einen überzeugenden Lebenslauf

Ein guter Lebenslauf hebt die Stärken und Erfolge des Bewerbers klar hervor. Er zeigt Führungsqualitäten, Kommunikationsfähigkeiten und jahrelange Erfahrung in relevanten Bereichen. Durch klare Zahlen und Fakten wird deutlich, was der Bewerber zu leisten imstande ist.

Vergleichen Sie dies mit einem Lebenslauf, der unübersichtlich ist oder wichtige Informationen verschleiert. Ein überzeugender Lebenslauf macht sofort klar, warum der Bewerber die beste Wahl für die Position ist.

Selbstbewusstsein zeigen

Viele Menschen haben Schwierigkeiten, ihre Stärken und Erfolge im Lebenslauf oder im Vorstellungsgespräch zu betonen. Sie haben Angst, sich selbst zu schmeicheln oder arrogant zu wirken.

Doch denken Sie daran: Ein Vorstellungsgespräch

ist Ihre Chance, zu zeigen, warum Sie der beste Kandidat für die Stelle sind. Wenn Sie nicht an sich selbst glauben, warum sollte es der Personalchef tun?

Seien Sie selbstbewusst, aber bleiben Sie professionell. Heben Sie Ihre Erfolge hervor, ohne zu prahlen, und zeigen Sie, warum Sie die ideale Besetzung für die Position sind.

Interviews von heute

Wie haben sich Vorstellungsgespräche verändert?

Wann waren Sie das letzte Mal bei einem Vorstellungsgespräch? Wenn es vor einigen Jahren war, werden Sie vielleicht überrascht sein, wie sehr sich die Art der Interviews verändert hat. Die Tage, in denen Fragen wie „Erzählen Sie uns etwas über sich selbst" den Gesprächseinstieg bildeten, sind gezählt. Auch eine kurze Zusammenfassung des Lebenslaufs reicht heute nicht mehr aus. Moderne Vorstellungsgespräche sind oft psychologische Tests, die Ihre Fähigkeiten, Ihr Verhalten und Ihre Problemlösungskompetenz prüfen.

Arten von Interviews und typische Fragen

Verhaltensinterviews

Verhaltensinterviews konzentrieren sich nicht nur auf Ihre Erfahrungen und Fähigkeiten, sondern auch auf Ihr Verhalten in bestimmten Situationen. Es geht darum, wie Sie denken und handeln, wenn Sie unter Druck stehen.

Typische Fragen in Verhaltensinterviews sind:

- Erzählen Sie uns von einer Zeit, in der Sie Probleme mit den Prioritäten Ihrer Kunden hatten. Was haben Sie getan?
- Wie haben Sie in einer Situation reagiert, in der es Widerstand von höchster Stelle gab?
- Beschreiben Sie eine Situation, in der ein Teammitglied seine Aufgaben nicht erledigt hat. Wie sind Sie damit umgegangen?
- Wie haben Sie reagiert, als Sie in einer schwierigen Situation nicht genug Wissen hatten?

Tipp: Beantworten Sie diese Fragen, indem Sie konkret beschreiben, was Sie getan haben, um ein positives Ergebnis zu erzielen. Vermeiden Sie vage Aussagen und heben Sie Ihren persönlichen Beitrag hervor.

Situationsinterviews

Situationsinterviews ähneln Verhaltensinterviews, konzentrieren sich jedoch auf hypothetische Szenarien. Hier wird gefragt, wie Sie in bestimmten Situationen handeln würden – nicht, wie Sie in der Vergangenheit gehandelt haben.

Beispielfragen für Situationsinterviews:

- Wie würden Sie vorgehen, wenn zwei Teammitglieder nicht miteinander auskommen und dies die Arbeit beeinträchtigt?
- Was tun Sie, wenn Ihr Vorgesetzter Sie bittet, an einer weniger wichtigen Aufgabe zu arbeiten, während Sie an einem kritischen Projekt arbeiten?
- Wie reagieren Sie, wenn ein Mitarbeiter falsche Informationen an Kunden weitergibt?

Tipp: Betonen Sie in Ihren Antworten Ihre Problemlösungsfähigkeiten und Ihre Professionalität. Zeigen Sie, dass Sie auch unter Druck ruhig und effektiv handeln können.

Gruppeninterviews

Gruppeninterviews werden von mehreren Personen gleichzeitig durchgeführt, oft von Personalchefs, Abteilungsleitern und anderen Entscheidungsträgern. Diese Art von Interview testet, wie gut Sie in einer Teamumgebung arbeiten und wie Sie mit Stress umgehen.

Tipps für Gruppeninterviews:

- Bleiben Sie ruhig und gelassen, auch wenn mehrere Fragen gleichzeitig gestellt werden.
- Zeigen Sie, dass Sie ein Teamplayer sind, und vermeiden Sie es, sich von Unterbrechungen aus der Ruhe bringen zu lassen.
- Denken Sie daran, dass die Interviewer Sie möglicherweise absichtlich unter Druck setzen, um Ihre Reaktion zu testen.

Typische Interviewfragen und wie Sie darauf antworten

Interviewer stellen heute gezieltere und anspruchsvollere Fragen als früher. Es geht nicht mehr nur darum, wo Sie sich in fünf Jahren sehen, sondern darum, wie Sie konkret zur Lösung von Problemen beitragen können.

Hier sind einige Beispiele für typische Fragen und wie Sie sie beantworten können:

1. „Wie gehen Sie mit Veränderungen am Arbeitsplatz um?"
   Antwort: Beschreiben Sie eine Situation, in der Sie sich erfolgreich an Veränderungen angepasst haben, und betonen Sie, wie Sie Lösungen gefunden haben.

2. „Erzählen Sie uns von einer Zeit, in der Sie mehr getan haben, als von Ihnen verlangt wurde."
   Antwort: Geben Sie ein Beispiel, in dem Sie über Ihre eigentlichen Aufgaben hinausgegangen sind, um ein Problem zu lösen oder ein Ziel zu erreichen.

3. „Wie analysieren Sie Probleme und treffen

Entscheidungen?"

Antwort: Erklären Sie Ihren Prozess der Problemanalyse und Entscheidungsfindung anhand eines konkreten Beispiels.

Vorbereitung auf das Vorstellungsgespräch

Sie können nicht jede Frage vorhersehen, aber Sie können sich auf einige Standardfragen vorbereiten. Überlegen Sie sich im Voraus, wie Sie diese Fragen am besten beantworten können.

Hier sind einige häufig gestellte Fragen:

- Wie gehen Sie mit Stress um?
- Was sind Ihre größten Stärken und Schwächen?
- Warum möchten Sie für unser Unternehmen arbeiten?
- Wie haben Sie in der Vergangenheit Konflikte gelöst?
- Was wissen Sie über unsere Branche und unser Unternehmen?

Tipp: Üben Sie Ihre Antworten im Voraus, aber bleiben Sie flexibel. Ein Vorstellungsgespräch ist ein Dialog, nicht ein Monolog.

Andere wichtige Details auf dem Weg zum Traumjob

Das Vorstellungsgespräch – mehr als nur Fragen beantworten

Sich auf die Kernfragen eines Vorstellungsgesprächs vorzubereiten, ist wichtig, aber es gibt noch mehr, was zählt. Interviewer bewerten Kandidaten auch nach anderen Faktoren, wie Körpersprache, Auftreten und Professionalität.

Eine Umfrage unter 250 Personalchefs hat ergeben, dass folgende Eigenschaften ausschlaggebend für die Einstellung sind:

- Selbstvertrauen (79 %)
- Gute Ausdrucksfähigkeit (78 %)
- Ehrlichkeit (76 %)
- Pünktlichkeit (75 %)
- Gute Zuhörfähigkeit (74 %)
- Augenkontakt (71 %)
- Positive Körpersprache (68 %)
- Fester Händedruck (59 %)
- Angemessene Kleidung (46 %)

Die gleiche Umfrage hat auch die schlechtesten Eigenschaften identifiziert:

- Negative Einstellung (83 %)
- Unpünktlichkeit (79 %)
- Schlechte Zuhörfähigkeit (76 %)
- Schlechte Ausdrucksfähigkeit (69 %)
- Arroganz (64 %)
- Unpassende Körpersprache (63 %)
- Schlechter Augenkontakt (60 %)
- Kein Augenkontakt (59 %)
- Überbetonung von Gehalt und persönlichen Vorteilen (51 %)

- Zu viele persönliche Details (50 %)
- Zu legere Kleidung (31 %)

Diese Eigenschaften haben wenig mit Ihren fachlichen Qualifikationen zu tun, sind aber genauso wichtig.

Persönliche Eigenschaften im Fokus

Warum sind Selbstvertrauen und Ausdrucksfähigkeit so wichtig? Weil sie zeigen, wie Sie sich selbst und die Produkte oder Dienstleistungen des Unternehmens präsentieren können. Wenn Sie nicht selbstbewusst auftreten, wie soll der Interviewer dann Vertrauen in Ihre Fähigkeiten haben?

Tipp: Üben Sie Ihre Antworten im Voraus und bitten Sie Freunde oder Familie um Feedback. Stellen Sie sicher, dass Sie klar und präzise kommunizieren können.

Eine negative Einstellung kann Ihre Chancen ruinieren. Vermeiden Sie es, sich negativ über frühere Arbeitgeber oder Konkurrenten zu äußern. Konzentrieren Sie sich stattdessen auf das, was Sie gelernt haben und wie Sie sich weiterentwickelt haben.

Professionalität zählt

Professionalität ist oft der Unterschied zwischen einem durchschnittlichen und einem herausragenden Kandidaten. Interviewer bewerten Ihr Verhalten und Ihre Körpersprache, um abzuschätzen, wie Sie mit Kollegen und Kunden umgehen werden.

Beispiele für Professionalität:

- Angemessene Kleidung: Zeigen Sie, dass Sie die Rolle ernst nehmen.

- Gute Zuhörfähigkeit: Zeigen Sie, dass Sie aufmerksam und respektvoll sind.
- Positiver Auftritt: Vermeiden Sie Arroganz oder Unterwürfigkeit.

Tipp: Üben Sie vor dem Spiegel oder mit Freunden, um ein sicheres und professionelles Auftreten zu trainieren.

Der Fokus während des Gesprächs

Viele Kandidaten machen den Fehler, sich zu sehr auf Gehalt und persönliche Vorteile zu konzentrieren. Das signalisiert dem Interviewer, dass Sie nur an sich selbst denken – nicht daran, was Sie dem Unternehmen bieten können.

Konzentrieren Sie sich stattdessen auf:
- Ihre Fähigkeiten und Erfahrungen.
- Wie Sie zur Lösung von Problemen beitragen können.
- Warum Sie die ideale Besetzung für die Position sind.

Referenzen – auch bei einem Karrierewechsel

Referenzen sind wichtig, auch wenn Sie in einem neuen Bereich noch keine Erfahrung haben. Denken Sie daran, dass Referenzen nicht nur von früheren Arbeitgebern kommen müssen.

Beispiele für alternative Referenzen:
- Freiwilligenarbeit: Haben Sie bei einem gemeinnützigen Projekt mitgewirkt?
- Projekte: Haben Sie außerhalb Ihrer Arbeit an Initiativen teilgenommen, die Ihre Fähigkeiten unter Beweis stellen?
- Mentoren oder Kollegen: Gibt es Personen,

die Ihre Arbeit schätzen und Sie unterstützen? Tipp: Sammeln Sie Empfehlungsschreiben, die Ihre Stärken und Fähigkeiten hervorheben, auch wenn sie nicht direkt mit dem neuen Berufsfeld zusammenhängen.

Flexibilität und Geduld

Der Weg zum Traumjob erfordert oft Flexibilität und Geduld. Manchmal müssen Sie Ihre Ziele anpassen, um realistisch zu bleiben, ohne Ihre Träume aufzugeben.

Beispiel:

- Wenn Sie davon träumen, professionelle Tänzerin zu werden, aber mit über 30 Jahren der Einstieg schwierig ist, könnten Sie stattdessen als Tanzlehrerin arbeiten oder Tanzvideos produzieren.
- Wenn Sie für Hollywood schreiben möchten, aber der Umzug nicht möglich ist, schreiben Sie für lokale Produktionen oder Werbespots.

Tipp: Seien Sie offen für alternative Wege, die Ihnen neue Möglichkeiten eröffnen können.

Schaffen Sie sich Ihren eigenen Job

In einer unsicheren Wirtschaftslage kann es sinnvoll sein, sich seinen eigenen Job zu schaffen. Ob als Freelancer oder Gründer – es gibt viele Möglichkeiten, Ihre Fähigkeiten einzusetzen.

Beispiele:

- Gründen Sie ein kleines Unternehmen in einem Bereich, der Sie interessiert.
- Arbeiten Sie als Freelancer und bieten Sie Ihre Dienste direkt an Kunden an.

Tipp: Nutzen Sie Online-Plattformen, um Ihre Dienste anzubieten und Kontakte zu knüpfen.

Fazit

Der Weg zum Traumjob erfordert Vorbereitung, Flexibilität und Geduld. Seien Sie offen für neue Wege und konzentrieren Sie sich darauf, was Sie dem Unternehmen bieten können – nicht nur darauf, was Sie selbst davon haben.

Fazit: Das größte Hindernis auf dem Weg zu Ihrem Traumjob

Was hält Sie zurück?

Was denken Sie, ist das größte Hindernis auf dem Weg zu Ihrem Traumjob? Ist es Ihr Budget, Ihre Zeitplanung, Ihre Familie oder Ihr Alter? Oder sind es Ihre finanziellen Verpflichtungen, gesundheitlichen Einschränkungen oder die Meinung anderer, die Sie zurückhalten?

All diese Faktoren sind ernst zu nehmen und können berechtigte Einwände sein. Nicht jeder kann sich ein Medizinstudium leisten oder hat die Freiheit, einfach nach Paris zu gehen, um dort ein paar Jahre zu malen. Und nur sehr wenige Menschen starten nach dem 25. Lebensjahr eine große Karriere als Tänzer. Auch sollten Sie Ihre familiären Verpflichtungen nicht vernachlässigen, nur um Ihren Traumjob zu verfolgen.

Doch glauben Sie es oder nicht: Das größte Hindernis auf dem Weg zu Ihrem Traumjob sind oft Sie selbst.

Selbstzweifel – Ihr innerer Kritiker

Selbstzweifel sind einer der größten Hindernisse, die Sie davon abhalten, Ihren Traum zu verwirklichen. Vielleicht haben Sie Ihr ganzes Leben lang gehört, dass Sie nicht gut oder schlau genug sind, um Ihre Ziele zu erreichen. Oder Sie denken, dass es zu spät ist, um noch einmal neu anzufangen.

Praktisch und vernünftig zu sein, ist wichtig, aber Sie sollten nicht zulassen, dass Selbstzweifel Ihre Träume begraben. Fragen Sie sich:

- Warum zweifeln Sie an sich selbst?
- Gibt es wirklich einen Grund, warum Sie Ihre Ziele nicht erreichen können?
- Warum verdienen Sie diese Chance nicht?

Oft stellen Sie fest, dass Ihre Selbstzweifel unbegründet sind.

Angst vor Veränderung

Die Angst vor Veränderung ist ein starkes Gefühl, das viele Menschen zurückhält – selbst wenn die Veränderung positiv ist. Ob es um einen Umzug, einen neuen Job oder eine neue Lebensphase geht, die Angst vor dem Unbekannten kann lähmend sein.

Wie überwinden Sie diese Angst?

- Betrachten Sie die Veränderung als etwas Aufregendes, nicht als etwas Beängstigendes.
- Denken Sie daran, was Sie verpassen, wenn Sie der Angst nachgeben.
- Erinnern Sie sich daran, dass Veränderungen oft zu neuen Möglichkeiten führen.

Ein wenig Angst ist normal, aber lassen Sie sie nicht Ihre Entscheidungen dominieren.

Überwältigt sein – Schritt für Schritt zum Ziel

Wenn Sie eine Liste aller Dinge erstellen, die Sie tun müssen, um Ihren Traumjob zu erreichen, kann das überwältigend wirken. Doch das ist kein Grund aufzugeben. Teilen Sie Ihre Ziele in kleinere, machbare Schritte auf und erstellen Sie einen Zeitplan.

Beispiel:

Sie möchten von Ihrem Job als Kolumnist zum Innenarchitekten wechseln.

1. Recherchieren Sie die erforderlichen Abschlüsse und Ausbildungsmöglichkeiten.
2. Prüfen Sie Finanzierungsmöglichkeiten wie Stipendien oder Kredite.
3. Erstellen Sie ein Budget, um Ihre Ausbildung zu finanzieren.
4. Passen Sie Ihren Zeitplan an, um Zeit für Kurse und Praktika zu schaffen.
5. Suchen Sie nach Praktikumsplätzen oder Nebenjobs in der Branche.

Indem Sie Ihre Ziele in kleinere Schritte unterteilen, wird der Weg zum Traumjob überschaubar.

Alles-oder-Nichts-Denken überwinden

Manchmal halten wir so sehr an einem bestimmten Traum fest, dass wir keine Alternativen in Betracht ziehen. Doch Flexibilität ist der Schlüssel zum Erfolg.

Fragen Sie sich:

- Ist eine Alternative nicht besser als Ihr aktueller Job?
- Ist es Stolz oder Sturheit, die Sie davon abhält, andere Optionen zu erwägen?
- Was verpassen Sie, wenn Sie sich auf eine einzige Möglichkeit fixieren?

Alles-oder-Nichts-Denken funktioniert selten. Seien Sie offen für Kompromisse und neue Wege, die Sie vielleicht genauso glücklich machen.

Selbstvertrauen aufbauen

Um Selbstzweifel zu überwinden, müssen Sie Selbstvertrauen aufbauen. Hier sind einige Tipps:

1. Erinnern Sie sich an vergangene Erfolge. Wenn Sie frühere Herausforderungen

gemeistert haben, können Sie das auch jetzt schaffen.

2. Feiern Sie kleine Fortschritte. Jeder Schritt bringt Sie Ihrem Ziel näher.

3. Vergleichen Sie sich nicht mit anderen. Jeder hat seinen eigenen Weg – konzentrieren Sie sich auf Ihren.

4. Nutzen Sie positive Affirmationen. Sagen Sie sich immer wieder: „Ich verdiene es, und ich werde es schaffen!"

Fazit

Das größte Hindernis auf dem Weg zu Ihrem Traumjob sind oft Sie selbst – Ihre Selbstzweifel, Ängste und starren Denkmuster. Doch mit Selbstvertrauen, Flexibilität und einer klaren Strategie können Sie diese Hindernisse überwinden.

Schlusswort

Sie haben es geschafft – Sie sind am Ende dieses Buches angekommen! Doch eigentlich ist dies kein Ende, sondern der Anfang einer aufregenden Reise. Einer Reise, die Sie zu dem Leben führt, das Sie wirklich führen möchten.

Ihr Traumjob wartet auf Sie. Er ist nicht bloß eine Idee oder eine vage Hoffnung – er ist real und erreichbar. Aber nur, wenn Sie sich entschließen, ihn aktiv zu verfolgen.

Die größte Hürde auf diesem Weg? Das sind oft nicht die äußeren Umstände, sondern Ihre eigenen Zweifel, Ihre Angst vor Veränderung oder das Gefühl, überfordert zu sein. Doch Sie haben nun das Wissen und die Werkzeuge, um diese Hindernisse zu überwinden. Sie wissen, wie Sie Selbstzweifel hinter sich lassen, wie Sie Ihren Weg in kleine machbare Schritte unterteilen und wie Sie das richtige Mindset entwickeln, um durchzuhalten.

Warten Sie nicht länger. Ihr Traumjob wird nicht eines Tages einfach vor Ihrer Tür stehen – Sie müssen ihn sich holen! Tun Sie heute den ersten Schritt, egal wie klein er sein mag. Vielleicht bedeutet es, eine Recherche zu starten, sich für einen Kurs anzumelden oder einfach nur einen realistischen Plan zu erstellen.

Handeln Sie jetzt! Lassen Sie sich nicht von Angst oder Unsicherheit aufhalten. Sie verdienen es, das Leben zu führen, das Sie sich erträumen. Und Sie können es schaffen – Schritt für Schritt. Glauben Sie an sich selbst, bleiben Sie flexibel und geben Sie nicht auf.

Ihr neuer Weg beginnt genau hier, genau jetzt. **Packen Sie es an!**